스티커 아트북 뉴 클래식
빨강 머리 앤

스티커 아트북 뉴 클래식

빨강 머리 앤

초판 1쇄 발행　2020년 6월 10일
초판 15쇄 발행　2024년 6월 18일

지은이 콘텐츠기획팀
펴낸이 김영조
편집 김시연 | **디자인** 정지연 | **마케팅** 김민수, 조애리 | **제작** 김경묵 | **경영지원** 정은진
일러스트 여승규 | **교정** 김혜원, 오진하 | **외주디자인** 김영심
펴낸곳 싸이프레스 | **주소** 서울시 마포구 양화로7길 44, 3층
전화 (02)335-0385/0399 | **팩스** (02)335-0397
이메일 cypressbook1@naver.com | **홈페이지** www.cypressbook.co.kr
블로그 blog.naver.com/cypressbook1 | **포스트** post.naver.com/cypressbook1
인스타그램 싸이프레스 @cypress_book | 싸이클 @cycle_book
출판등록 2009년 11월 3일 제2010-000105호

ISBN 979-11-6032-092-3　13630

- 이 책은 저작권법에 따라 보호를 받는 저작물이므로 무단 전재 및 무단 복제를 금합니다.
- 책값은 뒤표지에 있습니다.
- 파본은 구입하신 곳에서 교환해 드립니다.
- 싸이프레스는 여러분의 소중한 원고를 기다립니다.

© NIPPON ANIMATION CO., LTD. "Anne of Green Gables" ™AGGLA
Published by arrangement with NIPPON ANIMATION through DAEWON CO., LTD

이 책은 한국 내 독점 판권 소유자인 대원미디어(주)와의
정식 계약에 의해 사용, 제작되므로 무단 복제 시 법의 처벌을 받게 됩니다.

Anne of Green Gables

**변하지 않는 아름다움과 감동을
'스티커 아트북 뉴 클래식'으로 만나보세요!**

잊고 있었지만 다시 만나서 더욱 반갑고 벅찬 이야기,
오래도록 변하지 않는 아름다움과 감동을 간직한 이야기. '스티커 아트북 뉴 클래식'은
모두에게 사랑받는 세계 명작을 폴리곤 아트라는 현대적인 감각으로 재탄생시킨 시리즈입니다.

"주근깨 빼빼 마른 빨강 머리 앤~" 누구나 기억하고 있는 노랫말이지요?
소설가 루시 모드 몽고메리의 1908년작 『빨강 머리 앤』입니다.
캐나다 에이번리 마을의 초록 지붕 집에 살고 있는 매튜와 마릴라 남매가
남자아이를 입양하려다 착오로 여자아이를 입양하는 사건으로 시작하는데요.
매튜 아저씨와 마릴라 아줌마를 통해 배운 가족애, 다이애나와 쌓은 단단한 우정,
그리고 그들과 함께 밝고 당차게 세상을 살아가는 앤의 성장기를 다룬 작품입니다.

TV 애니메이션으로 접했던 명장면들을 폴리곤 아트 기법으로 만나보세요.
손끝으로 완성해나가는 즐거움과 원작의 아름다움을 동시에 느낄 수 있을 거예요.

Contents

스티커 아트북 뉴 클래식,
이렇게 활용하세요 — 6

Character(인물 소개) — 7

한눈에 보는 빨강 머리 앤 — 8~11

앤의 이름

바탕지 — 13

스티커 — 34, 35

생각지도 못했던 일

바탕지 — 17

스티커 — 38, 39

초록 지붕 집

바탕지 — 21
스티커 — 42, 43

매튜와 마릴라

바탕지 — 25
스티커 — 46, 47, 50, 51

우정의 맹세

바탕지 — 29
스티커 — 54, 55, 58, 59

✦ 스티커 아트북 뉴 클래식, 이렇게 활용하세요! ✦

'스티커 아트북 뉴 클래식'은 세계 명작의 명장면을 폴리곤 아트(Polygon Art)라는 새로운 감각으로 재탄생시켜 스티커로 완성하는 액티비티북(Activity Book)입니다. 폴리곤 아트는 이미지를 도형으로 나누어 입체감 있게 표현하는 미술 기법을 뜻합니다. 바탕지에 이 책의 스티커를 모두 붙여 완성하면 입체감 있는 작품을 감상할 수 있을 거예요.

책은 크게 본책과 스티커책으로 나뉩니다. 본책에는 실제 스티커를 붙일 수 있는 바탕지 5개가 나열되어 있고, 스티커책에는 바탕지를 채울 수 있는 스티커가 있습니다. 본책에서 작품을 고른 다음 스티커책에서 해당하는 스티커를 찾아서 작업하면 됩니다.

1. 완성하고 싶은 작품을 고릅니다

앞의 목차 페이지를 펼치면 5가지 작품의 완성된 모습을 확인할 수 있어요. 여기서 마음에 드는 작품을 고르세요. 여러 개를 동시에 붙이다 보면 헷갈릴 수 있으니 한 번에 한 작품씩 골라서 도전하는 게 좋아요.

2. 스티커를 떼어내어 해당 번호에 붙입니다

모든 스티커는 손으로 쉽게 떼어낼 수 있어요. 스티커를 떼어낸 다음 작품 면의 해당 번호 부분에 붙이세요. 붙일 때는 되도록 선을 벗어나지 않도록 주의하는 게 좋아요. 선에 딱 맞게 붙여야 깔끔한 작품이 완성되거든요.

1 마음에 드는 바탕지를 골라요.   **2** 손으로 스티커를 떼어 번호에 맞게 붙여요.

참고하세요!

- **스티커책**을 펼쳐 스티커를 떼는 과정이 번거롭다면 절취선을 따라 스티커 면을 책에서 뜯어낸 다음 붙이세요.
- **본책**의 바탕지에도 뜯어내기 쉽게 절취선을 넣었으니 완성한 작품은 깔끔하게 보관하거나 장식용으로 사용하세요.

앤 셜리
빨강 머리에 주근깨 있는 얼굴이 특징인 소녀. 어릴 적, 부모님이 돌아가신 뒤 고아원에서 생활하다가 에이번리의 매튜와 마릴라 남매가 있는 초록 지붕 집에 입양되었다. 어려운 환경에 놓였지만 상상력이 풍부하고 낭만과 공상을 좋아하는 성격 덕에 낙천적이고 긍정적인 모습으로 커스버트 남매의 딸로 성장한다.

다이애나 배리
앤이 초록 지붕 집에 입양된 후 처음 사귄 친구. 윤기 나는 검은색 머리카락에 희고 고운 피부를 가져 앤이 부러워한다. 다정하고 상냥하며, 현모양처가 꿈인 다이애나는 앤과 평생 우정을 나눈다.

마릴라 커스버트
매튜 커스버트의 여동생으로, 오빠와 함께 초록 지붕 집에서 살고 있다. 앤의 교육을 맡은 마릴라는 엄격하고 깐깐하여, 수다스럽고 공상에 빠져 있는 앤이 처음에는 마음에 들지 않았지만 점차 정을 주고 가족으로 받아들이게 된다.

매튜 커스버트
마릴라 커스버트의 오빠로, 과묵하고 여자를 어려워하는 수줍음 많은 성격이다. 농사일을 도울 남자아이를 입양하려다 착오가 생겨 앤과 함께 초록 지붕 집으로 오게 된다. 앤의 실수와 잘못에 무조건적인 지지와 사랑을 보이며, 묵묵히 어려움을 해결해주기도 한다.

한눈에 보는 빨강 머리 앤

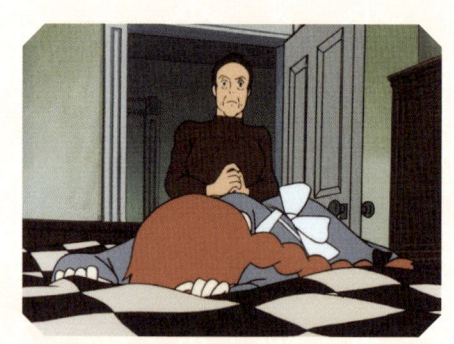

에이번리 마을의 아름다운 사계절을 앤과 함께 감상해보세요

• 앤의 이름 •

"저를 앤이라고 부르실 거라면 꼭 뒤에 e를 발음해서 앤이라고 불러주세요.
훨씬 근사해 보이잖아요. Ann은 시시해 보이지만
e가 붙은 Anne은 훨씬 기품 있어 보이거든요."

• 생각지도 못했던 일 •

"생각대로 되지 않는다는 건 정말 멋져요!
생각지도 못했던 일이 일어나는걸요!"

Anne of Green Gables

• 초록 지붕 집 •

라일락 꽃이 풍기는 향기가 아침 바람을 타고 창으로 흘러들고
민들레와 클로버로 뒤덮인 초록 풀밭이 있는 곳….

"아, 정말 눈부시게 아름답지 않나요?
이런 세상, 이런 아침이 정말 사랑스럽지 않으세요?"

ANNE
OF
GREEN GABLES

• 매튜와 마릴라 •

"난 남자아이 열두 명을 준대도 너와 바꾸지 않을 거야, 앤.
알겠니? 남자아이 열두 명 말이다.
우리 딸, 내가 자랑스러워하는 우리 앤."

Anne of Green Gables

• 우정의 맹세 •

"날 영원히 잊지 않겠다고 진심으로 약속해주겠니?

그 누구도 너만큼 사랑할 순 없을 거야."

Anne of Green Gables

앤의 이름
스티커 — 34~35

생각지도 못했던 일
스티커 — 38~39

초록 지붕 집
스티커 — 42~43

매튜와 마릴라
스티커 — 46~47, 50~51

우정의 맹세
스티커 — 54~55, 58~59

Anne of Green Gables

Anne of Green Gables

앤의 이름 182~305

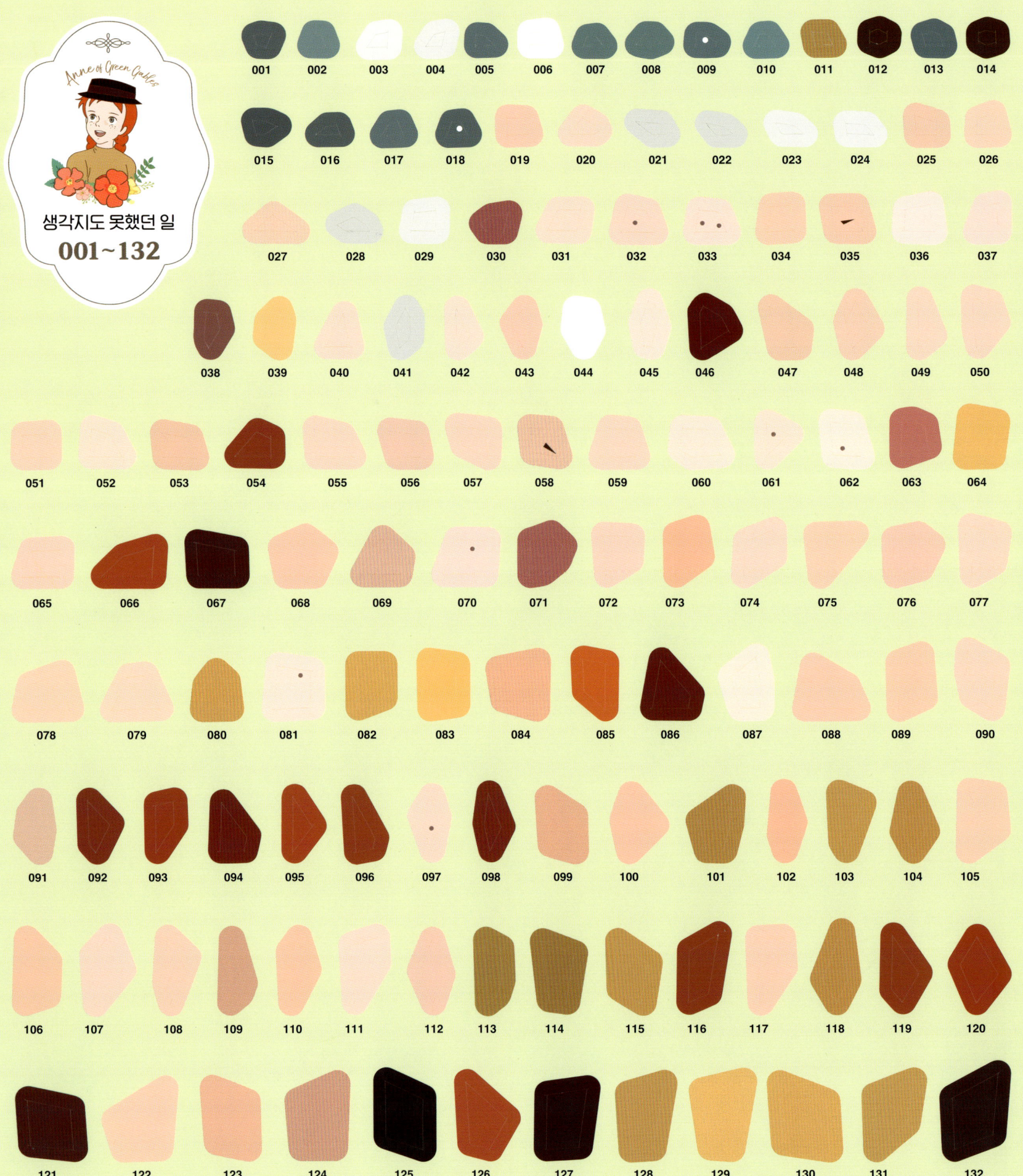

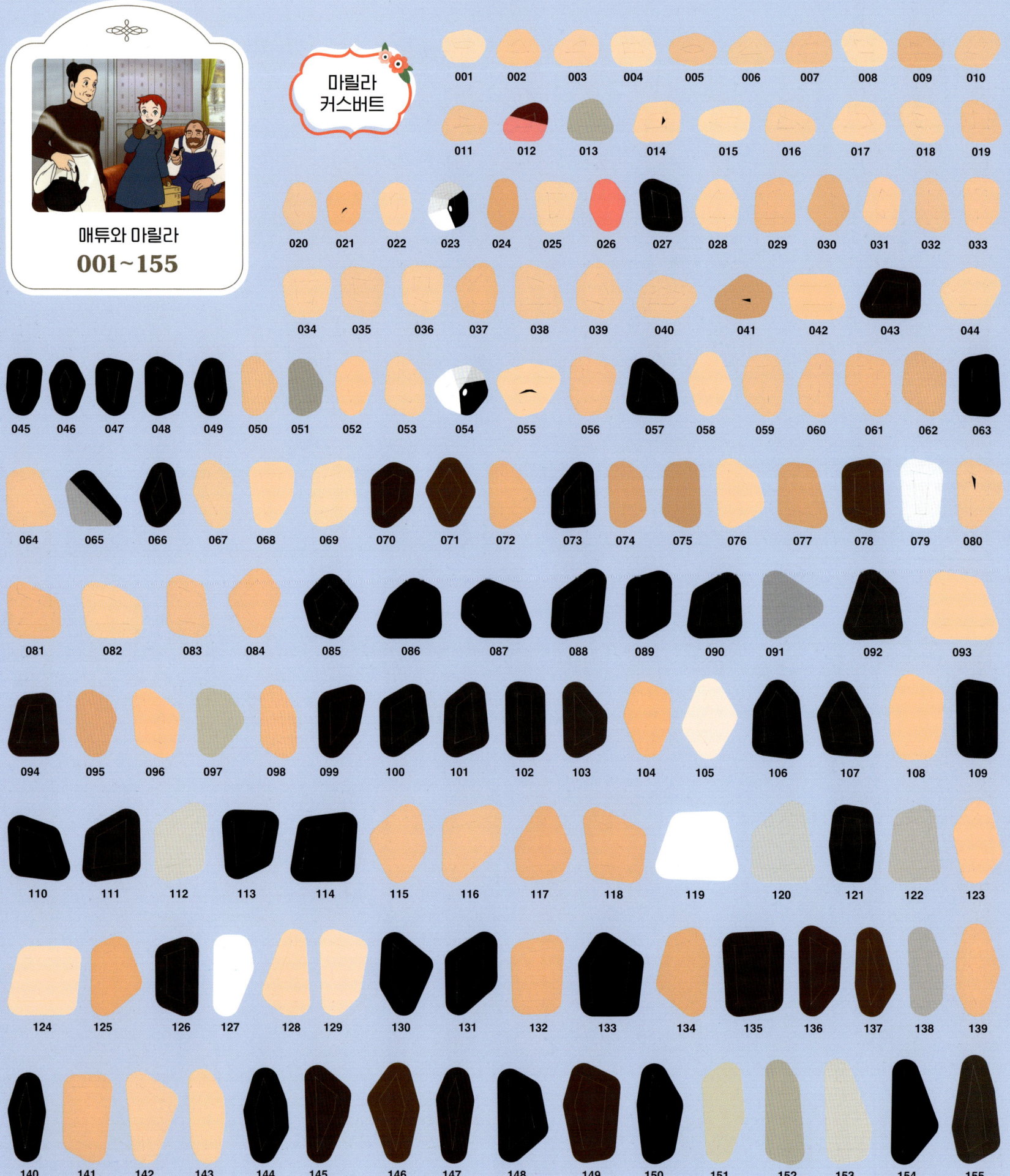

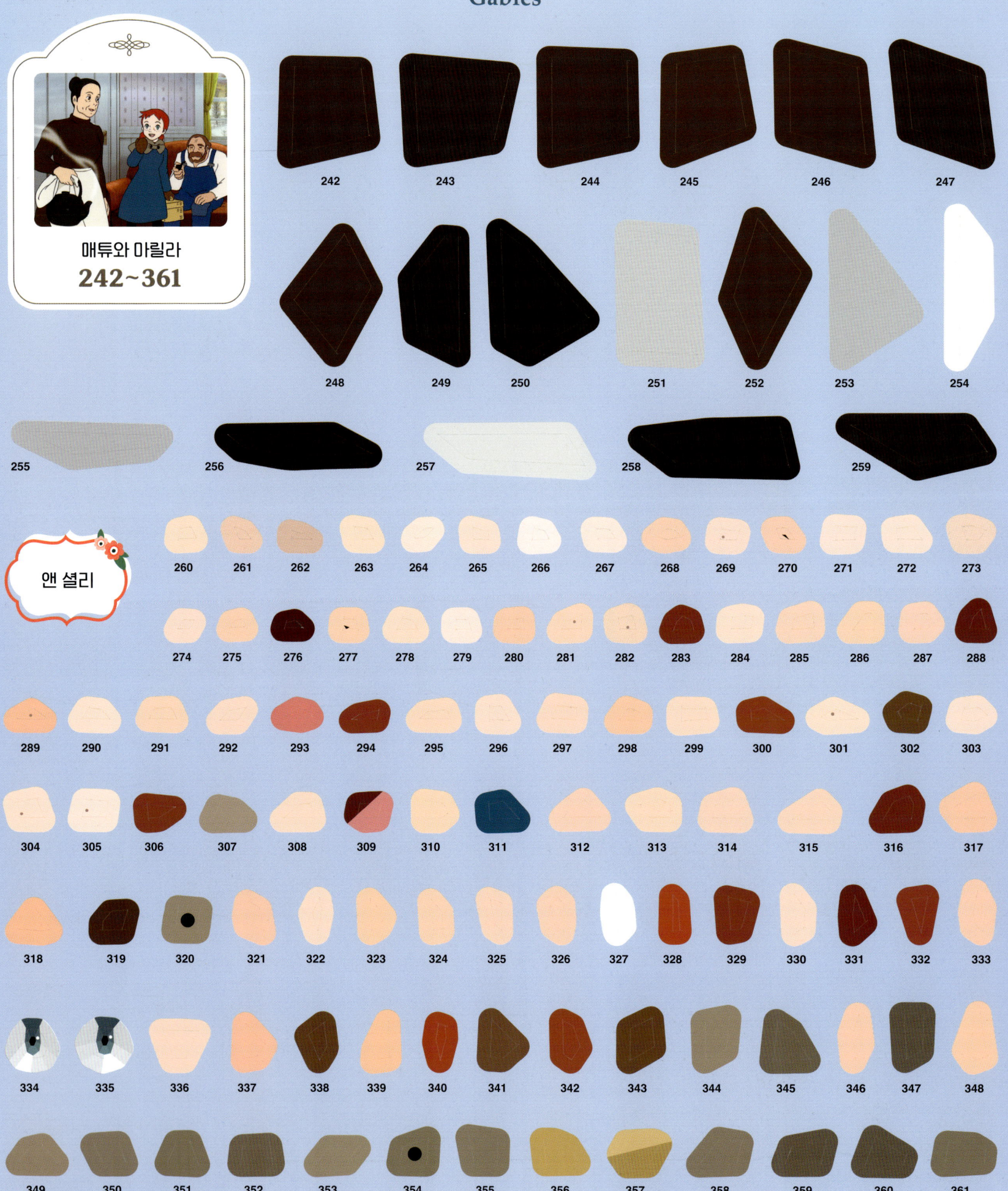